GARFIELD
en chute libre

PAR JIM DAVIS

JIM DAVIS

GARFIELD
en chute libre

TRADUIT DE L'AMÉRICAIN PAR
JEAN-ROBERT SAUCYER

CONNAISSEZ-VOUS LA DIFFÉRENCE ENTRE UN BISCUIT AUX RAISINS ET UN BISCUIT AUX PÉPITES DE CHOCOLAT?

PFFT!

MOI NON PLUS!

TU ES TOMBÉ DES RIDEAUX

TANT PIS POUR L'ESCALADE!

JE CROYAIS QUE LES CHATS RETOMBAIENT SUR LEURS PATTES

TANT PIS POUR LE MYTHE!

LES CHATS NE RETOMBENT PAS SUR LEURS PATTES!

TANT PIS POUR LA MYSTIQUE!

GARFIELD : SI JE T'OFFRE L'UN DE MES HAMBURGERS, CESSERAS-TU DE ME DÉVISAGER?

D'AC!

COUIC COUIC COUIC COUIC

JE FERAIS MIEUX D'ENLEVER MES CHAUSSURES

COUIC COUIC COUIC COUIC COUIC

8-17

JE FERAIS BIEN DE LAVER MES CHAUSSETTES

BEURK!

© 1988 United Feature Syndicate, Inc.

JIM DAVIS

J'AI DÛ SOUFFRIR DE LA FAIM AU COURS DE LA NUIT

J'AI RÊVÉ QUE JE MANGEAIS DES FLEURS, PAR MILLIONS!

© 1988 United Feature Syndicate, Inc.

8-18 JIM DAVIS

QUE CHERCHES-TU À ME DIRE, GARFIELD?

UNE PARTIE DU PAPIER PEINT A DISPARU!

GARFIELD!

QUI D'AUTRE?

HUM...

VOUS ÊTES TÉMOINS D'UN COUP DE GÉNIE

GARFIELD, T'ES L'AS DES AS!

8-21

VOICI DES CLIENTS!

OH GÉRARD! J'ADORE CET ENDROIT!

MOI AUSSI, MONA! UN BRIN DE PEINTURE, DU PAPIER PEINT ET NOUS EMMÉNAGEONS!

UN BRIN DE QUOI?

JIM DAVIS

SAPRIS...!

LONGUE HISTOIRE

VOICI UNE PHOTO DE MOI QUAND J'ÉTAIS À LA FERME

C'ÉTAIT UNE RUDE ÉPOQUE

PAPA EN TRAIN DE TRAIRE UN GORET

CECI EXPLIQUE CELA

VOICI UNE PHOTO DE MON FRÈRE ET MOI! NOUS FAISIONS LES QUATRE CENTS COUPS

LA NUIT TOMBÉE, NOUS SORTIONS À LA DÉROBÉE...

NOUS EMPLISSIONS NOS PANTOUFLES DE GRAINS À VOLAILLE ET NOUS COURIONS DANS LE POULAILLER!

DEUX REPRIS DE JUSTICE EN CAVALE

L'ENNUI, GARFIELD, C'EST QUE TU TE CROIS HUMAIN

9-2

C'EST JUSTE!

JIM DAVIS

JE DOIS ME DÉFAIRE DE CE COMPLEXE D'INFÉRIORITÉ

© 1988 United Feature Syndicate, Inc.

REGARDE! UNE SOURIS!

© 1988 United Feature Syndicate, Inc.

AGIS COMME UN CHAT, GARFIELD!

O.K.

JIM DAVIS 9-3

Z

OUF! JE COMMENÇAIS À CRAINDRE QUE MON ESTOMAC NE SOIT JAMAIS RASSASIÉ. BURP!

EFFACE LES H, AJOUTE DES LALALA, S'IL LE FAUT

VIVEMENT QUE LA GRÈVE DES SCÉNARISTES PRENNE FIN!

RETOURNONS AUX AVENTURES DE TITOTO LE CLOWN!

BONJOUR LES ENFANTS!

BONJOUR TITOTO!

LE SOLEIL BRILLE À TITOTOVILLE. DISONS BONJOUR À MONSIEUR SOLEIL!

BONJOUR M. SOLEIL!

REGARDEZ! M. POISSON NOUS REND VISITE!

BONJOUR M. POISSON! LES ENFANTS, DITES BONJOUR À...

JIM DAVIS 9-4

AAAIEEEEE!!!

BONJOUR M. PIRANHA!

DÉPRIMÉ, GARFIELD?

OUAIS

VOIS LE BON CÔTÉ DES CHOSES

UN COUP DE DÉPRIME VAUT MIEUX QUE LE PLUS SOMBRE DÉSESPOIR

JE ME SENS DÉJÀ MIEUX

9-7

GARFIELD, TU DOIS ÊTRE LE CHAT LE PLUS PARESSEUX QUI SOIT

9-8

D'ACCORD!

SES PRIORITÉS NE SONT PAS EN ORDRE

ÉTRANGE! J'AI OUBLIÉ POURQUOI JE SUIS VENU ICI

TANT PIS, TEMPÊTE! ÇA ME REVIENDRA TÔT OU TARD

JPM DAVPS

© 1988 United Feature Syndicate, Inc.

AVEC UN PEU DE CHANCE, AVANT D'ARRIVER À L'ÉPICERIE!

9-12

VOICI LES ACTUALITÉS... EUH... CIEL! C'EST ÉCRIT SI PETIT

JPM DAVPS 9-13

MALHEUREUSEMENT, SANS LUNETTES, JE NE VOIS RIEN

© 1988 United Feature Syndicate, Inc.

VOICI DONC UNE CHANSON! ARRIVA, GIGI L'AMOROSO!

VOUS DEVRIEZ VOIR LA SPEAKERINE MÉTÉO DANSER LES CLAQUETTES

AU CAS OÙ TU VOUDRAIS SAVOIR, UNE MONTRE NE FLOTTE PAS

HÉ, GARFIELD! FILONS À LA PLAGE!

PAS AUJOURD'HUI

OÙ EST PASSÉ TON ESPRIT D'AVENTURE?

L'ESPRIT CONSENT MAIS LA LOURDEUR DE LA CHAIR LE RETIENT

VOICI UN PROVERBE CÉLÈBRE À TON INTENTION, GARFIELD

"LA CURIOSITÉ EST TOUJOURS PUNIE"

ONCLE BERNIE L'A FAIT GRAVER

JUSTE APRÈS AVOIR FAIT INSCRIRE : "N'ÉCOUTEZ JAMAIS VENIR LE TRAIN EN POSANT L'OREILLE SUR LE RAIL"

L'HIVER 83, L'ÉTÉ 79, LE PRINTEMPS 86

J'ADORE CES RETOURS DANS LE TEMPS

LES DATES DE PÉREMPTION SUR LES YAOURTS DE JON

C'EST UN ART QUE DE SAVOIR S'HABILLER

PRIMO, LA CRAVATE REFLÈTE LA PERSONNALITÉ D'UN GENTLEMAN

DEUZIO, LE PAN D'UNE CHEMISE N'EST PAS PORTÉ SOUS LE SLIP

GARFIELD, VOIS COMME ODIE EST TOUJOURS RIEUR

SES PARENTS ÉTAIENT DES HYÈNES

POURQUOI NE SOURIS-TU JAMAIS?

J'AI MES RAISONS

S'IL SAVAIT COMME IL ME FAIT PLAISIR, IL N'ESSAIERAIT PLUS

PEUT-ÊTRE QUE GARFIELD NE BOUFFERA PAS CETTE FOUGÈRE

SAIS-TU CE QUE C'EST?

BIEN SÛR!

C'EST LE TRIOMPHE DE L'ESPOIR SUR L'EXPÉRIENCE!

DEMEUREZ À L'ÉCOUTE

DANS UN INSTANT, DES NIAISERIES ABÊTISSANTES DONT IL EST ASSURÉ QU'ELLES FERONT INSULTE À VOTRE INTELLIGENCE

JON! TON ÉMISSION PRÉFÉRÉE!

MA BOULE DE CRISTAL ME DIT QUE J'AURAI DU POISSON À MIDI

OH! NON!

GARFIELD! IL FAUT QUE TU M'AIDES!

10-2

© 1988 United Feature Syndicate, Inc.

JE SUIS EN RETARD À MON RENDEZ-VOUS GALANT. QUELLES CHAUSSETTES PORTER?

LA CHEMISE EST-ELLE ASSORTIE AUX CHAUSSETTES?

J'AI BEAUCOUP TROP DE CRAVATES!

IL Y A TROP DE DÉCISIONS À PRENDRE!

DES DÉCISIONS DU GENRE : DOIS-JE M'AMUSER DE CETTE SCÈNE OU LUI DIRE QUE SON RENDEZ-VOUS EST PRÉVU POUR DEMAIN?

HÉ! GARFIELD, VOICI LE FACTEUR!

TU NE POURRAS PAS METTRE SON PANTALON EN LAMBEAUX AUJOURD'HUI

IL PORTE DES BERMUDAS

JE VAIS LUI ÉPILER LES MOLLETS

QU'EST-CE DONC? UN ENVOI DU CERCLE DU PUDDING DU MOIS

JE N'AI ADHÉRÉ À AUCUN CERCLE

ET TOI, GARFIELD?

PREMIER POUR LE CARAMEL!

JIM DAVIS 10-7

JIM DAVIS 10-8

GARFIELD

espace
à
louer

JON N'A PAS
LE SENS
DE L'HUMOUR

DÉVISSE
DÉVISSE
DÉVISSE

TCHIC A
TCHIC
TCHIC A
TCHIC

© 1988 United Feature Syndicate, Inc.

S

BONJOUR,
GARFIELD

FLOP

PSCHI

UN AUTRE SALE TOUR ET PAS DE
TÉLÉ PENDANT UNE SEMAINE!

EUH... À PROPOS DE
CE CROISSANT...

JIM DAVIS 10-9

UN RÉGIME, C'EST COMME LE MUSIC-HALL

LE POIDS REVIENT TOUJOURS DONNER UN RAPPEL

10-10

FLAP

UN PEU CHATOUILLEUX PAR RAPPORT À NOTRE POIDS?

MON POIDS, C'EST MON AFFAIRE!

10-11

ÇA SUFFIT, GARFIELD!

SI TU NE CESSES PAS DE ME DÉVISAGER, JE M'EN VAIS!

TIENS! CONTENT?!

TRÈS!

10-12

GARFIELD, TE VOIR BOUFFER ME RAPPELLE MES ANNÉES À LA FERME

EURK MIAM SLURP

NOUS ÉLEVIONS DES POURCEAUX

EURK MIAM SLURP

10-13

RONH RONH RONH!

ET SI JE TE GAVAIS DE PÂTÉE POUR CHAT PAR LE GROIN?

POUR PARAÎTRE MINCE, FRÉQUENTEZ DES GENS PLUS GROS QUE VOUS

LE CHAT SENT POINDRE UN DANGER

RRRRR

LE CHIEN APPROCHE, PRÊT À BONDIR SUR LE CHAT

WOUF! WOUF! WOUF! WOUF! WOUF!

LE CHIEN S'APPRÊTE À DÉMEMBRER LE CHAT

LE CHAT SORT UNE GRIFFE POUR LA FORME

YIP!

LE CHIEN S'ENFUIT, CRAIGNANT POUR SA VIE

C'ÉTAIT UNE AUTRE PAGE DES SPLENDEURS ET MISÈRES DE LA VIE DOMESTIQUE

JIM DAVIS   10-16

ALLÔ! DR WILSON?

JE CRAINS QUE GARFIELD N'AIT RÉCIDIVÉ

IL A AVALÉ LES BOUTONS DU TÉLÉVISEUR PENDANT UNE PUB DE PIZZA

LES YEUX PLUS GRANDS QUE LA PANSE

TA-TAM!

QU'Y A-T-IL?

QUELQU'UN QUI VIENT DE BOUFFER LE CONTENU DE SA MAISON DEVRAIT L'IMPRESSIONNER

EH! OÙ EST PASSÉ LE FRIGO?

JIM DAVIS 10-28

JIM DAVIS 10-29

GARFIELD® LE PETIT BAVEUX

A TABLE!

AFFAMÉ, GARFIELD?

ODIE EST-IL IDIOT?

BIEN! ALLONS AU FRIGO ET VOYONS CE QU'IL Y A À MANGER!

© 1988 United Feature Syndicate, Inc.

ALLEZ, ODIE!

NON, JON! DE GRÂCE!

JIM DAVIS 10-30

ALLONS À LEUR RESCOUSSE!

NETTOIE LE FRIGO, JON!

VLAN!

VOICI VOTRE HAMBURGER

EUH... ET LE PAIN?

AH! VOUS VOULEZ UN HAMBURGER DE LUXE?

RIEN DE TROP BEAU, JON! COMMANDE LE SUPER DE LUXE ET UNE ASSIETTE, TANDIS QU'ON Y EST!

MINUTE! GARFIELD!

LA PLUPART DES ARAIGNÉES SONT INOFFENSIVES

TU AS RAISON JON

SURTOUT CELLES QUI SONT ÉCRASÉES!

WHAM!

CE SERA UN LUNDI D'ENFER

TCHIC
TCHIC
TCHIC
TCHIC

QU'OBTIENT-ON EN ENLEVANT LES RAISINS DU PAIN AUX RAISINS?

DU PAIN SUISSE!

OUF! C'EST UN RUDE EXERCICE!

11-18

J'EN AI LA MIGRAINE!

DESSERRE UN PEU TON BANDANA

© 1988 United Feature Syndicate, Inc.

DIRE QUE JUDY NOUS A EXPULSÉS LORS DE SA SOIRÉE

AU FAIT, QUE FAISAIS-TU DANS LE SALADIER?

JE BOUFFAIS LES CROÛTONS

© 1988 United Feature Syndicate, Inc.

ELLE ÉTAIT FURIEUSE

COMME SI ELLE N'AVAIT JAMAIS VU DE POILS SUR DES LAITUES AUPARAVANT

JIM DAVIS 11-19

35 JOURS, 5 HEURES, 36 MINUTES ET 4 SECONDES AVANT NOËL!

CLIC

Z

HEIN? QUOI? ÊTES-VOUS UN MONSTRE?!

SLURP!

ODIE! C'EST TOI! SI, TU PEUX DORMIR AVEC MOI

OUAAH! QUI DONC ÊTES-VOUS?

CLIC

GARFIELD!

TU CHERCHES À NOUS EFFRAYER OU QUOI?

JIM DAVIS 11-20

© 1988 United Feature Syndicate, Inc.

QUEL EXCELLENT REPAS!

DOMMAGE QU'IL N'EXISTE AUCUNE UNITÉ AFIN DE MESURER LE BON GOÛT DES ALIMENTS!

MAIS SI, ÇA EXISTE!

ÇA S'APPELLE UNE CALORIE!

AIMERAIS-TU QUE L'ON ÉRIGE UNE STATUE À TA MÉMOIRE, GARFIELD?

OUAIS!

S'ILS EN FONT UNE QUI BOUFFE LES PIGEONS!

JIM DAVIS 11-21

© 1988 United Feature Syndicate, Inc.

© 1988 United Feature Syndicate, Inc.

JIM DAVIS

11-22

ATTENDS DE VOIR CE QUE J'AI ACHETÉ, GARFIELD!

TA-TAM!

ÉTONNANT, LES CHOSES QUE LES GENS PRÉFÈRENT POSSÉDER AU LIEU DE L'ARGENT!

JIM DAVIS   11-23

JE ME DEMANDE CE QU'IL FABRIQUE AVEC LA SAUCE À SALADE?

JIM DAVIS 11-24

ÉLOIGNE-TOI DES FOUGÈRES!

TROP TARD

JE NE PARVIENS PAS À CHOISIR ENTRE LA TARTE OU LE GÂTEAU

JIM DAVIS 12-5

MANGE DE LA TARTE!

JON, IL Y A UNE BOSSE SOUS LA NAPPE! APLATIS-LA À L'AIDE DE CETTE BAGUETTE!

JIM DAVIS

HÉ! MINUTE! OÙ EST ODIE?

QUI EST ODIE?

REGARDE GARFIELD! JE TOUCHE MES ORTEILS!

HEUREUX POUR TOI, JON!

C'EST UN BON EXERCICE. POURQUOI NE M'IMITES-TU PAS?

BIZARRE, MAIS JE VEUX BIEN

JIM DAVIS 12-7

JON, JE DOIS TE PARLER

LE FRIGO A CESSÉ DE FONCTIONNER, ALORS J'AI TOUT MANGÉ AVANT QUE LES ALIMENTS NE DEVIENNENT RANCES

QUELQU'UN A DÉBRANCHÉ LE FRIGO!

JE SAIS

JIM DAVIS 12-8

NOM D'UN CHIEN! JE M'ENNUIE! CE JOUR EST ENNUYEUX COMME LA PLUIE

JIM DAVIS

12-14

UN AUTRE JOUR À S'ENNUYER

© 1988 United Feature Syndicate, Inc.

SANS AUCUN INCIDENT À SIGNALER

À NOUVEAU LE TEMPS DES FÊTES! ON SENT LA FRÉNÉSIE À L'APPROCHE DE NOËL!

JIM DAVIS

QUE DÉSIRES-TU POUR LE PETIT-DÉJEUNER, GARFIELD?

UNE GAUFRE AUX FRAMBOISES, S.V.P.

© 1988 United Feature Syndicate, Inc.

AINSI QU'UNE DÉCAPOTABLE, UN PONEY ET UNE VILLA À ANTIBES!

12-15

GARFIELD, LE TEMPS EST DE NOUVEAU VENU

DE LAVER TES CHAUSSETTES?

DE CHOISIR UN ARBRE DE NOËL!

QU'EST-CE QUI CLOCHE À PROPOS DE CELUI QUE NOUS AVONS?

JIM DAVIS 12-19

J'AI ACHETÉ L'ARBRE DE NOËL. FERME LA PORTE, TU VEUX?

JIM DAVIS 12-20

VLAN!

APRÈS QUE J'AIE ENTRÉ LE SAPIN!

IL AURAIT FALLU PRÉCISER!

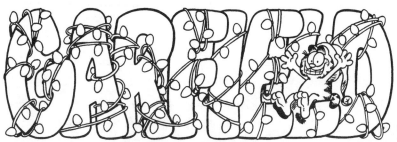

DRINNNG!

BONG!

PLUS QUE 364 JOURS AVANT NOËL!

JIM DAVIS 12-26

GARFIELD! HÉ GARFIELD!

QUELLE EST TA RÉSOLUTION DU NOUVEL AN?

TU VIENS DE M'EN RÉVEILLER!

JIM DAVIS 12-27

CETTE ANNÉE, JE M'ENGAGE À ÊTRE PLUS DOUX ENVERS ODIE!

POUF

JIM DAVIS 12-30

UNE RÉSOLUTION DU NOUVEL AN

DÉSORMAIS, LA BOUFFE NE SERA PLUS MON VICE

CONSÉQUEMMENT, CE SERA MON HOBBY!

JIM DAVIS 12-31

GARFIELD, TU AS RATÉ MA SAUTERIE DE LA ST-SYLVESTRE!

DÉFINIS "SAUTERIE"

NOUS NOUS SOMMES BIEN AMUSÉS SANS TOI

PÊCHER DES RAISINS SANS PÉPINS DANS UN BOL DE PUNCH, NON MERCI!

1-1-89

J'IMAGINE QUE VOUS AVEZ PARTOUZÉ JUSQU'À TRÈS TARD

C'EST L'AVIS DE LA BRIGADE ANTI-ÉMEUTE

JIM DAVIS

NOUS AVONS JOUÉ À ÉPINGLER LA QUEUE DE L'ÂNE

Z'AVONS ÉPINGLÉ L'HÔTE

LA SOIRÉE A VRAIMENT DÉMARRÉ LORSQU'UN RIGOLO A FAIT PASSER LE TOURNE-DISQUE À 78 TR/MIN.

FIOU! UN PEU DE RETENUE!

C'EST L'HEURE DU DODO! VIENS SIMBA!

UNGA! UNGA!

GARFIELD, IL SEMBLE QUE NOUS AYONS PRIS DU POIDS PENDANT LES FÊTES

QU'ENTENDS-TU PAR "NOUS", GROS-LARD?

SEULS LES HUMAINS PRENNENT DU POIDS

LES CHATS DEVIENNENT "BOUDDAHESQUES"

TAP TAP

JIM DAVIS 1-2-89

GARFIELD, NOUS COMMENÇONS UN RÉGIME

EUH... QU'ENTENDS-TU AU JUSTE PAR "NOUS"?

JIM DAVIS 1-3-89

"NOUS" DÉSIGNE-T-IL TOI ET CETTE COUVERTURE?

JE PENSE QUE TU NE SAISIS PAS MA PENSÉE

ODIE, JON A UNE MAUVAISE NOUVELLE À T'APPRENDRE

POUR TE RÉCOMPENSER DE TENIR TON RÉGIME, JE TE PERMETS DE PRENDRE DU SUCRE DANS TON CAFÉ

SUCRE

1-6-89

SUCRE

JE ME REPRENDS...

SUCRE

JIM DAVIS

GARFIELD, JE SAIS QUE CE RÉGIME EST DUR POUR TOI

1-7-89

MAIS, CETTE FOIS, TU DÉPASSES LES BORNES!

HÉ! JE NE SUIS PAS LE PREMIER CHAT AU RÉGIME À LÉCHER LES PAGES DE SA COLLECTION DE PAPIERS À BONBONS

JIM DAVIS

LES RÉGIMES

SONT COMME LES BAS DE JON...

AFFREUX, SALES ET MÉCHANTS!

IL EST ÉCRIT QUE JE PUIS MANGER DES CAROTTES

ET IL S'AGIT D'UN GÂTEAU AUX CAROTTES

UNE ÉCHAPPATOIRE!

OUI, MÊME VOTRE ORTEIL EST OBÈSE

VOICI POUR TOI, GARFIELD

DES RESTES

DES RESTES DE QUOI?

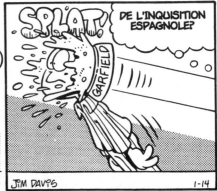
SPLAT!

DE L'INQUISITION ESPAGNOLE?

GARFIELD

HUM! GARFIELD, LES MÉDECINS AFFIRMENT À PRÉSENT QUE LES RÉGIMES MINCEUR NE VALENT RIEN

OH! MERCI, MERCI, MERCI, MERCI, MERCI!

CRIC CRAC SLURP MIAM

ODIE

ODIE, SAIS-TU CE QUI ENTRE DANS LA PRÉPARATION DE LA BOUFFE POUR CHIENS?

JIM DAVIS

ODIE

ON Y MET DU LÉZARD, DES GENCIVES DE YACK, DU CHEWING-GUM PRÉ-MASTIQUÉ, DES CRISTAUX D'ALUMINIUM...

1-15

ODIE

ET DES CHOSES DONT TU NE VEUX PAS ENTENDRE LES NOMS

ODIE

GARFIELD! IL NE RESTE PLUS DE BOUFFE POUR LES CHATS! TU DEVRAS MANGER DE LA BOUFFE POUR CHIENS!

D'AC!

ODIE

BERK!

QU'EST-CE QUI LUI PREND?

ALLEZ SAVOIR CE QU'IL A MANGÉ!

ODIE

© 1989 United Feature Syndicate, Inc.

VOICI UN LIVRE SUPER!

"OCCUPATIONS POUR LES JOURS DE PLUIE"

SENS-TU UN COURANT D'AIR?

CHAPITRE I : "JOIES DU RASOIR ÉLECTRIQUE"

1-20

JIM DAVIS

PLUTÔT AMUSANT!

GARFIELD, COMBIEN DE SARDINES AS-TU EN BOUCHE?

CENT DIX-NEUF

POURQUOI?!

JE JOUE AU COUVOIR À POISSONS

JIM DAVIS

1-21

NOËL ET LE NOUVEL AN SONT PASSÉS. RIEN À FAIRE, SINON DORMIR JUSQU'À PÂQUES

BON, D'ACCORD GARFIELD! TU PEUX MANGER MON BIFTECK

JE NE PEUX RÉSISTER À L'IDÔLATRIE D'UN CHAT DOMESTIQUE

CIEL! UN NOUVEAU CAFÉ CONTENANT DEUX FOIS PLUS DE CAFÉINE

JIM DAVIS

VENDU AVEC UN MINI-LEVIER

CAFÉ

© 1989 United Feature Syndicate, Inc.

POUR ARRACHER LES DOIGTS CRISPÉS SUR LA TASSE

OUAH!

CAFÉ

1-25

JIM DAVIS   1-26

SPLANG

J'AVAIS OUBLIÉ... LE SPASME MATUTINAL SUIVANT L'ÉVEIL DU CHAT DORMANT

© 1989 United Feature Syndicate, Inc.

À PRÉSENT, L'INCROYABLE ODINI VA ÉCHAPPER À UNE MORT CERTAINE!

ZUT! JE SUIS ÉVEILLÉ! JE JURE QUE CELA M'ARRIVE CHAQUE JOUR!

UN AUTRE LEVER DU CORPS PÉNIBLE

MES PAUPIÈRES DOIVENT PESER 20 KG CHACUNE

GARFIELD! DEBOUT, C'EST L'HEURE!

GARFIELD FUT MANGÉ PAR LES POURCEAUX!

DEBOUT, LÀ-DEDANS!

TÂTE MON POULS, IDIOT! JE N'AI PLUS DE SIGNES VITAUX

TU PASSES TROP DE TEMPS AU LIT

1-29

C'EST TOI QUI LE DIS

JIM DAVIS

LES CHIENS SONT LES SOUS-PRODUITS ANIMAUX DES SAUCISSES DE LA VIE

WOOAAH!

MERCI D'AVOIR FAIT LOUPER MON COUP, M. LE MAÎTRE DE BALLET!

JE DÉTESTE FÉVRIER

FÉVRIER, C'EST LA BOUCHE D'ÉGOUT DE L'ANNÉE

ET NE ME PARLEZ SURTOUT PAS DES LUNDIS DE FÉVRIER!

DÉPRIMÉ, GARFIELD?

QUI TE L'A DIT?

KA-CHUCK

JIM DAVIS

2-10

JE NE SUPPORTE PAS L'IDÉE DE DEVOIR SUBIR UN AUTRE MOIS DE FÉVRIER

JIM DAVIS

2-11

IL EST SI IMPRESSIONNABLE!

BONJOUR, POOKY!

PFFT!

ET OÙ CROIS-TU ALLER AVEC MON OURSON?

EUH... C'EST L'ANNIVERSAIRE DE MON FISTON